AF337868

GRANDE

ET CELEBRE MAGNI-
ficence, faite à Madame Christine de France, Princesse de
Piedmont à son arriuée
dans Thurin.

Auec la forme de sa reception, nombre des
Princes Seigneurs & Grandes Dames,
qui s'y sont trouués, les jouxtes &
tournois, & autres actes de res-
iouissance y representez.

A PARIS.
Chez Siluestre Moreau, en sa Boutique
en la Cour du Palais. 1619.

GRANDE ET CE-
lebre magnificence faite à Madame Christine de France, Princesse de Piedmond, à son arriuée dans Thurin.

LE Prince Maior l'espe-
rance & l'espee de tou-
te la Sauoye, apres a-
uoir beaucoup couru parmy
les dangers de la guerre, est ve-
nu trouuer à bóne heure cette
pudicque Princesse, Madame
Christine secóde fille de France, sous le laurier de la vertu, de
laqu'elle s'estant épris & elle de
luy, on à veu en leur grandés
hymenées, le vainqueur sur-
monté & le vaincu vaincqueur,
tant durant leur se.iour à la
Cour de France que depuis leur
A ij

arriuée en Piedmont.

Ie desire donc, Amy lecteur
te faire part de ce que iay apris
de la reception de madicte Dame à Thurin, & entretenir ta
curiosité des magnificéces qui
se sont faictes en ladicte ville à
leur arriuée, affin de te faire co-
gnoistre telles choses n'estre
deues qu'aux deitez de la terre
& non pas aux lumieres passa-
geres, & que la Sauoye non
plus que la France ne trouue
estrange d'auoir veu l'air de Pie-
mont enueloppé de flammes,
& la terre remplie de ioye au
téps de l'arriuée du Prince & de
la Princesse audit païs, decou-
rant à tout le peuple de Sauoye
la beauté de madicte Dame,
estre vn dó du Ciel, que Dieu re-
seruoit pour la chere moitié de

ce Prince, qui est toute l'asseu-
rance & le repos de Piedmonn,
& les aduiser, que ces dignes
trophées d'amour, ne sont &
ne seront qu'au sujet de rendre
ses subiects dignes de la posse-
der, comme les inuentions en
estat prises dãs les plus secrettes
partyes du Ciel, & choisies de
Dieu mesme pour releuer la
parade de cette celebre, haute
& desirable alliance, affin d'e-
stre solemnisée auec plus de
grandeur, pour monstrer que
comme ceste Princesse excelle
en bellesse d'esprit, toutes les
Princesses de Piedmont, ses an-
cestres, que par raison elle de-
uoit estre receüe auec plus de
pompe & de magnificences
qu'elles, le sujet pourquoy le
Soleil à son arriueé s'est eclipsé

de ſa ſeance pour s'entremeſler auec les Sauoyards & Piemontois, comme voulant leur ayder en l'acquit de ce debuoir natu-rel.

Tu ſcauras donc, amy Lecteur, que meſſieurs les Princes de Sauoye, auec madicte Dame la princeſſe, ayant quitté la Cour de France incontinent apres l'arriué de la Royne Mere en la ville de Tours (pour-ce que leſdict ſieurs princes & madicte Dame n'attendoient plus que la Royalle entreueue de leurs Maieſtés pour ſe diſpoſer à partir, ne le voulant faire qu'au prealable il n'euſſent laiſ-ſé la France en la pleine poſſeſſion du parfaict repos, dót elle iouit à preſent) & ayans prins congé de leurs Maieſtés protesté tout seruice & toute bonne affection au Roy & à tout son Estat, partirent dudict Tours euuiron le 12. septembre & prirent leur chemin droit à Lyon, apres auoir receu les Carosses & bagages de madicte Dame que lon auoit faict tenir prests long temps auant dans paris.

Ils arriuerent à Lyon enuiron vers la Sainct Remy, ou par commandement expres de sa Maiesté les habitans se mirent en fort grand deduoir de les recuoir, & Monsieur d'Halincour filz de feu monsieur de Villeroy gouuerneur du pais fit faire de fort belles magnificences, ieux, iouxtes, & tournois pour celebrer l'alliance de Frace & de Sauoye, ils demeurerent bien huict iours en ladicte

ville de Lyon, d'ou, ils partirent
fort satisfaicts de la belle ré-
ception dudict sieur d'Halincour, & de l'entiere affection
des Lyonnois.

Arriuez au Piedmont ils joüif-
firent vne belle compagnie
de Noblesse que son Altesse de
Sauoye auoit enuoyé au deuāt,
& beaucoup d'autres trouppes
de Nobles, qui voulurent assi-
ster lesdits sieurs Princes & madite Dame, Iusques à Thurin.

Enfin apres tant de sorte de cō-
pliments receus tout le long
des chemins tant du Dauphiné
que Sauoye, & entrée du Piedmont, ils arriuerent prés la ville de Thurin à quatre mille ou
enuiron, qui sont bien deux li-
eües de France, où estāt & l'ad-
uis en ayant esté porté dans
Thurin

Thurin, Monsieur le Duc de
Sauoye suiui de Monsieur le
Prince Maurice Cardinal só fils
de son autre fils (qui estoit en
Espagne, & qui pour le suiet de
l'arriuée de sesdits freres le Prince Maior & le prince Thomas,
& de madite Dame la princesse
singulierement estoit venus en
Piedmont par mer auec beaucoup de nauires) Madame la
Duchesse espouse dudit Seigneur Duc, madame la Duchef-
se de Modene , autres princesses
& Dames Italiennes, expressé-
ment arriuées à Thurin pour le
subiet des magnificences.

En fin toute la cour de Sauoye, Piedmót & Mótferrat for-
tit dudit Thurin pour aller au
deuãt de laditte Dame princesse, laquelle estant rencótrée par

modit seigneur le Duc mit pied
à terre, embrassa madicte Dame la princesse sa fille, la baisa
auec vne grande demonstrati-
on d'amitié, luy tesmoignant
l'extreme contentement qu'il
auoit de cette aliáce, l'affection
qu'il porte à nostre Auguste
Monarque, & dit à madite Dame, qu'elle estoit plus que la
bien venue en son pays, elle re
ceut les complimens des Seigneurs, des princesses & autres
Dames, & ensemblement re-
tournerent à Thurin, ou les habitans estoient sortis en grand
nóbre pour la receuoir au de-
hors de la ville auec les armes
& tout ce qui est requis à la reception d'vne telle Princesse:
elle fut saluée de plus de soixáte
pieces de gros Canons: à la por-

te de la ville, on luy dit, *Voicy,*
Madame, le sacrifice des amesqui
maintenant vous sont acquises telle-
ment, qu'il n'y à rien de plus stable
que l'affection de vos subiects, sêble
Madame, qu'en prenant partage à
nos vœux, ne vous soyes oubliée à
vous parer de charmes, pour nous li-
er plus estroitement au desir de seruir
inuiolablement à vos grandeurs, veu
que nous ne sommes plus à nous mes-
mes, ains tout à vous & pour vous.

Pour la celebrité de cette belle alliance & bienuenue de madicte Dame, Thurin fut tout
pompeux ez derniers iour du
moys d'octobre qu'elley arriua
quatres superbes theatres furét
dreffez en diuers lieux de la ville, embellis de Nymphes choi-
fies entre les pl° belles filles du
pais, qui toutes châterent fort

doucement & melodieufemét
des airs italiens & autres fran-
çois deuant madicte dame la
mufique des voix & des inftru-
mens fuiuoient fa litiere par
tout infques à lhoftel qui luy
eftoit preparé : les feux de
ioie furent faicts par tout les
endroictz non feulement de
Thurin mais de Piedmont, les
feux d'artifices acheuerent le
refte de la iournée, qui furent
certes admirables à voir & au
grand contentement de ma-
dicte Dame & de tout le peuple, qui fe tronua en nombre
de plus de trente à quarante
mille perfonnes en la reception
d'icelle, & aux folemnitez qui
s'y firent, les ieux, iouxtes, tournois, liefles, efbatz, teftins & ba-
letz ny furent oubliez de telle

ſorte que peu de Princes eſtrã-
gers ſurpaſſerent ſon Alteſſede
Sauoye en l'accueil d'vne telle
Princeſſe & de ſi hault merite
ny en pareille occaſion, tous
les Sauoyards & Piedmontois
louans Dieu pour la proſperité
de leur Alteſſe, de Monſeigneur
le Prince maior & madicte Dame la Princeſſe ſon eſpouſe.

F I N.